Iemanjá

Aves & Pescados

Chef Ieda de Matos

Todos os direitos reservados © 2020

É proibida qualquer forma de reprodução, transmissão ou edição do conteúdo total ou parcial desta obra em sistemas impressos e/ou digitais, para uso público ou privado, por meios mecânicos, eletrônicos, fotocopiadoras, gravações de áudio e/ou vídeo ou qualquer outro tipo de mídia, com ou sem finalidade de lucro, sem a autorização expressa dos autores.

Organização: **Chef Carlos Ribeiro**
Apresentação: **Prof. Dra. Teresinha Bernardo**
Prefácio **Prof. Dr. Alcyr Alves Viana Neto**
Orelha do livro: **André Lobão**

Produção de arte: **Yara Falconi**
Fotografias: **Cristiano Lopes e Pixabay**
Cenografia: **Gandalua Louças e Materiais para Festas & Eventos**

M433i	Matos, Ieda de., 1971-
	Iemanjá, aves e pescados / Ieda de Matos – 1ª ed. – São Paulo: Arole Cultural, 2020.
	112 p. : il.
	ISBN 978-65-80637-08-9
	1. Gastronomia. 2. Carnes brancas. 3. Frutos do mar. 4. Iemanjá. 5. Candomblé. 6. Religiões Afro-brasileiras. I. Título.
	CDD 641
	CDU 641/642

Para Iemanjá, rainha das águas salgadas, dona dos pensamentos e do meu destino.

Para o babalorixá Reinaldo de Xangô, por me acolher em seu axé e por ensinar os mistérios da gastronomia sagrada e da cozinha de dendê.

Ao chef Carlos Ribeiro, pela amizade e pelo convite às panelas na Coleção Ajeum.

Ao meu amado companheiro, José Carmo de Oliveira Junior, por todo o apoio e dedicação em toda a vida.

E ao meu filho, Everton Matos da Silva Figueiredo, o maior presente que os Orixás poderiam me dar.

Quanto mais viajo pelo mundo, mais convicto fico que nosso Brasil é quase perfeito - só não o é devido aos graves problemas históricos de corrupção e caos social. Ainda assim, no quesito cultura gastronômica somos privilegiados.

Vários são os países que aqui chegaram e trouxeram seus ingredientes e cultura alimentares, mas quais pratos são mais lembrados em quase todo o país? Podemos dizer que é a feijoada ou a rabada, prato típico da África do Sul, sendo que lá leva alcaparras e cravo-da-índia. Também pode ser o baião de dois, inspirado no arroz com feijão ganês ou o waakye, que leva, além do arroz e feijão, caldo de camarão e tomate. Sem falar na galinha com quiabo e angu, o pirão ou a canja. Estes pratos, como os sabores da África, estão bem próximos de nós, pois foram eles que nos trouxeram e nos ensinaram as técnicas de cozimento da comida temperada e picante.

Mas não foram apenas no atos de cozinhar e comer que os africanos influenciaram nossa cultura. A música, por exemplo, traz uma identidade nacional muito grande, como o nosso samba, conhecido e apreciado em todo mundo. Outra prática africana reproduzida em solo brasileiro é a oferenda de alimentos às suas divindades e a comunhão através da alimentação: à Oxum, por exemplo, é ofertado "inhame cozido e amassado, temperado com azeite de dendê e camarão seco e peixe frito". À Iemanjá, "fava cozida e refogada com cebola, camarão e azeite". Desta forma, observa-se o quão rico e simbólico é este universo cultural-gastronômico-religioso trazido, adaptado e cultuado pelos filhos da África e conduzido pelos seus descendentes afro-brasileiros.

Bem, mas qual o objetivo desta introdução no prefácio de um livro? Parece mais um referencial teórico, certo? Errado! O segundo semestre de 2019 foi marcante, pois ao assumir outra disciplina no curso técnico em cozinha do instituto Federal de Goiás - no caso, cozinha brasileira - vi a necessidade de incluir o conteúdo referente à religiosidade da comida. Assim, fui atrás de obras e autores fidedignos que pudessem dar a sustentação necessária para trazer aos meus alunos o tema "comida de santo", principalmente ao trabalhar a cozinha baiana.

No mesmo semestre, fui convidado a participar de um concurso gastronômico como jurado e tive o privilégio de sentar ao lado de um dos autores que havia pesquisado, o chef Carlos Ribeiro, que ao final passou a ser muito mais que um escritor, tornou-se um amigo.

Alguns meses depois voltamos a nos encontrar na praia ponta de campina em João Pessoa-PB. Estávamos dentro do mar junto com minha família quando, de repente, ali mesmo na morada de Iemanjá, num dia de céu azul e um belo mar, meu amigo Carlos Ribeiro me olhou compenetrado e convidou para escrever o prefácio do novo livro de gastronomia sagrada da Coleção Ajeum - a qual ele é o organizador -, assinado pela Chef Ieda de Matos. Juro que congelei por alguns segundos, pois mesmo tendo lido centenas de livros em toda a minha vida acadêmica e até mesmo escrito três capítulos de livros e diversos artigos, aquele convite seria uma grande responsabilidade. Mesmo assim, aceitei, e percebi então que seria necessário mergulhar ainda mais neste universo para que as palavras pudessem sair mais fáceis e sem risco do senso comum.

Assim, conhecendo a linha de pesquisa dos autores e a limitada literatura existente sobre o assunto, ao ler esta obra específica, afirmo que será de grande contribuição tanto para a comunidade científica quanto para todos os chef de cozinha, cozinheiros e amantes da gastronomia. Além de trazer o sentido da relação entre a comida e divindades, "Iemanjá, Aves e Pescados" procura, através de suas receitas, valorizar ingredientes e os sabores regionais que, ao meu ver, são de grande relevância à identidade da cozinha brasileira de raiz (inclusive a nível internacional, pois possuímos todo o potencial necessário para sermos a melhor cozinha das Américas, quiçá do mundo).

Além disso, este livro traz ainda informações que poderão contribuir positivamente na desconstrução da visão preconceituosa que parte da sociedade tem em relação à comida de santo, ao tentar relacioná-la erroneamente às entidades do mal. Desta maneira, caro leitor, as páginas que você está prestes a saborear contribuirão significativamente com nossa cozinha, reafirmando a influência da cultura africana na gastronomia brasileira. Aprecie este livro sem moderação, pois é didático, científico e espetacular.

Prof. Dr. Alcyr Alves Viana Neto
Professor titular do Instituto Federal de Goiás - campus Goiânia.
Doutor em Educação e Mestre em Ciências Agrícolas
Tecnólogo em Gastronomia
Docente do curso técnico em cozinha
e do mestrado em Educação Profissional e Tecnológica do IFG.

A Mãe do Brasil

> **Os mitos transmitem um modo de pensar, um modo de ver o mundo. Essa visão de mundo é sempre coletiva e deve-se conservá-la, no sentido de haver um acordo do grupo em relação a ela.**

É devido a esse papel que analiso os mitos referentes às mulheres-deusas afro-brasileiras: Iemanjá, Oxum e Iansã. É claro que esse nome próprio tem a ver com a cultura criadora de determinado mito.

Na realidade, a narração que é mítica pode ser recontada, mais do que isso, pode ser traduzida em várias línguas, pois permanece o sentido original, o seu núcleo primitivo, devido às estruturas mentais semelhantes. Se entre o mito e a memória há uma relação privilegiada, as lembranças de Olga de Alaketu - cujas substâncias na maioria das vezes são mitológicas e das quais eu trato com afeto e saudades no livro "Negras, Mulheres e Mães", recentemente relançado pela Editora Arole Cultural em edição atualizada para o século XXI - são decifradas e através delas tenho a possibilidade de captar a memória dessa mãe-de-santo de maneira ampliada, a memória divinizada.

Os mitos de Iemanjá e Oxum remetem essa análise para o universo feminino afro-brasileiro: mais precisamente, para as relações de gênero. Assim, a identidade sexual, os comportamentos referentes entre o homem e a mulher encontram-se enraizados historicamente, como reflexos de sistemas culturais específicos.

É nessa perspectiva que devem ser entendidas as mulheres iorubás e o desenvolvimento do sentimento materno entre as africanas. Em outras palavras, esse sentimento não é o instinto. Esse aspecto, o do sentimento materno, envolve uma proteção sem limites entre as africanas, fazendo com que se transformem em feiticeiras para salvaguardar a si mesmas e a seus filhos.

As características de proteção e afeto maternos intensos, acrescidas à característica de provedora, que a mulher africana e afrodescendente também detém, possibilitam a vivência da matrifocalidade na sociedade brasileira. No entanto, todos esses aspectos culturais, socioeconômicos e históricos listados não explicam somente a ocorrência de um tipo de família, mas dão indícios fundamentais para o entendimento do fato peculiar de a mulher surgir como a detentora do poder religioso, a grande sacerdotisa do Candomblé.

Para iluminar ainda melhor este fato - o da chefia feminina -, torna-se importante destacar alguns fatores que foram incisivos para que a mulher viesse a ocupar o ápice da hierarquia religiosa, além dos outros, que foram listados no trajeto feminino da África para o Brasil. As mulheres africanas pertencentes às etnias fons e iorubás exerceram em seus respectivos reinos um poder político importante. É claro que no presente da escravidão esse poder teve que ser resinificado. Na realidade, é totalmente contraditório com a situação de escravo o exercício de qualquer poder no plano do real.

Outro aspecto que deve ser destacado para iluminar o fato de a mulher vir a ser a sacerdotisa-chefe do Candomblé diz respeito à densidade do sentimento materno na africana. Esse sentimento, por sua vez, tem muito a ver com a noção de Terra-Mãe, comentada por Morin:

> "A Terra-Mãe como metáfora só virá a florescer em toda a sua extensão nas civilizações agrárias, já históricas, o trabalhador Anteu colhe sua força no contato com a terra, sua matriz e horizonte, simbolizada na Grande Deusa (...) onde jazem seus antepassados, onde ele se julga fixado desde sempre. Com esta fixação ao solo, virá impor-se a magia da terra natal, que nos faz renascer porque é nossa mãe (...) É bem conhecida a dor do banido grego ou romano que não terá ninguém que lhe continue o culto como ficará separado para sempre da Terra-Mãe."

Mas, além de o africano não permanecer na sua terra de origem, defrontou-se com a escravidão. Assim, se no plano do real a situação não valia a pena ser vivida, devia existir compensação. É assim que no solo brasileiro frutificou o Candomblé, a terra-mãe como metáfora para os africanos e seus descendentes. Se o Candomblé representa a terra-mãe, que, por sua vez, possui os seus significados ligados ao feminino, essa expressão religiosa, ao representá-la, ganha todas as suas significações. É nesse sentido que a grande sacerdotisa do Candomblé é chamada de mãe-de-santo. Essa denominação não é casual, Jung afirma:

> "É a mãe que providencia calor, proteção, alimento, é também a lareira, a caverna ou cabana protetora e a plantação em volta. A mãe é também a roça fértil e o seu filho é o grão divino, o irmão e amigo dos homens, a mãe é a vaca leiteira e o rebanho."

Na verdade, Jung está pontuando as características do arquétipo da mãe, no qual estão incluídos sentimentos que, nas africanas e suas descendentes, foram tão intensificados a ponto de levar essas mulheres a se tornarem feiticeiras para proteção de seus filhos. A possível ampliação desses sentimentos foi uma das causas que tornou plausível a mulher viver a matrifocalidade, tanto na família consanguínea, como na de santo.

Na Nigéria, é a mãe de todos os Orixás, não necessitando de um Orixá masculino complementar. No Brasil, Iemanjá representa as águas salgadas, o mar; e é sincretizada com Nossa Senhora da Conceição e Nossa Senhora do Rosário. Deixou o rio para sua filha e, assim, Oxum pode continuar a representar as águas doces, as águas claras; é dona dos riachos cristalinos, a natureza criadora. De um lado, a mãe é protetora, esta sempre por perto; de outro, o rio desemboca no mar. Assim, há uma relação de proximidade entre o mar e o rio; entre mãe e filha.

Tanto na África, quanto no Brasil, Iemanjá simboliza a maternidade. As esculturas mostram-na gravida, com os seios fartos. Sobre essa característica da deusa, existem mitos e lendas que narram a nossa mãe de maminhas chorosas. Nesse sincretismo destaca-se a imagem de mãe protagonizada por Iemanjá - a mãe da água, a mãe dos negros. Nos Candomblés de caboclo, ela se torna sereia: metade peixe, metade mulher, linda e de cabelos longos. Mas além de sereia, Iemanjá tem a imagem de bela mulher, cujo significado parece estar associado ao de mãe inacessível que se transmuta em mãe protetora. Tanto as representações de mãe distante, quanto as de mãe aconchegante encontram-se em todos os Candomblés da Bahia.

Jorge Amado, em 1935, também dedicou um belíssimo capítulo de Mar morto à grande deusa - "A Iemanjá dos cinco nomes". Iemanjá é o verdadeiro nome da deusa, mas os canoeiros a chamam de Dona Janaína, os pretos a chamam por Inaié ou pedem para a Princesa de Arouca. As mulheres da vida, as casadas e as que esperam marido a chamam de Dona Maria. A deusa é o mar, é a mãe d'água, a dona do mar, temida e desejada; mãe e ao mesmo tempo esposa; furiosa e calma. Depois do texto de Amado, o pequeno ensaio de Edison Carneiro, de 1937,

Depois do texto de Amado, o pequeno ensaio de Edison Carneiro, de 1937, denominado "Dona Maria", ganha mais sentido. O autor, ao tratar dos muitos nomes que denominam a mesma deusa, procura desvendar as causas da popularidade de Iemanjá entre seus adeptos. Na verdade, o nome Dona Maria indica que Iemanjá não é só popular, mas é íntima. Em outras palavras, ela mantém relações de intimidade com seus crentes e admiradores. Para Carneiro, a popularidade de Iemanjá está não só nas relações de intimidade que mantém com seus adeptos, mas, sobretudo, no terror que ela infunde, bem como em seus mistérios impenetráveis. Amor e medo, coisas de mãe na sociedade tradicional e coisas dos deuses.

Ao estudar o Xangô em Recife, Rita Laura Segato, em 1995, escreveu "A vida privada de Iemanjá e seus dois filhos: fragmentos de um discurso político para compreender o Brasil". Nesse estudo, Segato apoia-se no mito que narra as relações entre Iemanjá e seus filhos, Ogum e Xangô, na disputa do poder. A análise do mito revelou que Iemanjá, além de ter uma predileção por Xangô, instaura uma ordem que é a do privilégio, em detrimento da justiça. Quem deveria ser coroado e reinar era Ogum, e não Xangô. No entanto, apesar de a Grande Mãe inicialmente desconhecer o plano de Xangô para usurpar o poder de Ogum, quando enfim o descobriu, omitiu-se. Seu desempenho foi meramente convencional, não correspondendo às aspirações legítimas do primogênito. Segato também observa a ausência do pai. A relação de Iemanjá com seus dois filhos se desdobra em outras relações com outros deuses e deusas, revelando que não e o esforço nem a previsão que assegura a fortuna; a lei não se orienta pela verdade, o charme é a garantia do sucesso, a sabedoria e o bem são inoperantes.

A mãe da água assentiu casar-se com um pescador e viver só para ele, desde que certos acordos firmados antes da união fossem respeitados. Enquanto permaneceu a alínea, Iemanjá foi prodiga, dando a seu parceiro riqueza e dois filhos. No momento em que se quebrou o acordo, quebrou-se o encanto. A mãe da água, enfurecida, retornou ao mar, foi ao encontro de sua origem com todos os bens que, prodigamente, havia oferecido ao pescador - que de pobre tinha-se transformado em homem rico e emocionalmente satisfeito.

Na realidade, percebe-se que Iemanjá, ao se comportar somente como mãe, inclusive de seu próprio marido, proporcionou a base para viver momentos constrangedores e infelizes. Ao sentir-se enganada, ficou furiosa e retornou às suas origens - ao mar -, onde poderia reaver tudo aquilo que perdera de si. Nessa interpretação parece ter havido uma inversão da imagem de Iemanjá descrita por Jorge Amado - de mãe e amante do próprio filho - para a pensada por Bonaventure - de mãe de seu próprio marido.

Em 2000, Reginaldo Prandi publicou Mitologia dos Orixás, onde apresenta dezoito mitos em que Iemanjá é a protagonista: ajudando Olodumare na criação do mundo, sendo violentada pelo filho e dando à luz os Orixás; fugindo de Oquerê e filho e destruindo a primeira humanidade; jogando búzios na ausência de Orunmilá, sendo nomeada protetora das cabeças; traindo seu marido Ogum com Aiyê; fingindo-se de morta para enganar Ogum; afogando seus amantes no mar; salvando o sol de extinguir-se, irritando-se com a sujeira que os homens lançam ao mar; atemorizando seu filho Xangô; oferecendo o sacrifício errado a Oxum, mostrando aos homens seu poder sobre as águas; seduzindo seu filho Xangô; tendo seu poder sobre o mar confirmado por Obatalá, cuidando de Oxalá, e ganhando o poder sobre as cabeças.

Apesar das diferentes formas de qualificar Iemanjá, todos os seus estudiosos são unanimes em afirmar que Iemanjá significa o mar. Pierre Verger e Armando Vallado pontuam que, na África, Iemanjá representava o Rio Ogum e que, na diáspora, transformou-se no mar. Se, como diz Morin, "*(...) a água é a grande comunicadora mágica do homem no cosmo*", essa metamorfose sofrida pela deusa diz respeito à comunicação; assim, representa a união do contingente africano que viveu a diáspora e seus descendentes

Iemanjá, a grande mãe dos brasileiros, é personagem de mitos, lendas, músicas e poesias. É cultuada nas praias brasileiras em diferentes datas: 2 de fevereiro, em Salvador; 8 de dezembro, na Praia Grande (São Paulo); 31 de dezembro, nas praias de quase todo o litoral brasileiro. Nos rituais que celebram Iemanjá, quase sempre a grande deusa é presenteada com objetos de beleza, como sabonete, pente, pó-de-arroz, talco, perfume, laços de fitas, ramalhete de flores. Tais presentes indicam que quem os recebe, além de feminina, é vaidosa.

O fato de Iemanjá ser celebrada no dia 31 de dezembro nas praias brasileiras tem a ver com o significado da água, seu poder de dissolução do indesejado, do mal. Dessa forma, a água aponta para o futuro, pois o passado, com seus elementos indesejáveis, é afastado num rito de purificação:

> *"Na água tudo é solvido, toda a forma é demolida, tudo o que aconteceu deixa de existir, nada do que era antes perdura depois da imersão na água, nem um contorno, nem um sinal, nem um evento. A imersão é o equivalente, no nível humano, da morte, no nível cósmico, do cataclismo, o dilúvio que, periodicamente, dissolve o mundo no oceano. Quebrando todas as formas, destruindo o passado, a água possui esse poder de purificação, de regeneração, de dar novo nascimento. A água purifica e regenera porque anula o passado e restaura - mesmo se por um momento - a integridade da aurora das coisas."* (Eliade, 1998)

Ao quebrar as formas, destruir o passado e anular a história, Iemanjá permite que, no 31 de dezembro, nas praias brasileiras, haja o encontro - ainda que por um instante - entre ricos e pobres, moços e velhos, negros e brancos, estrangeiros e brasileiros. Mas a transformação de Iemanjá implica também que a grande deusa deixe o rio *"(...) onde o rumor das águas assume com toda a naturalidade as metáforas do frescor e da claridade, fresca e clara é a canção do rio"* (Bachelard, 1998) e mude-se para o mar.

No entanto, as águas profundas habitadas por Iemanjá não tem somente espumas que beijam lábios que esperam entreabertos. Elas têm outra substância real: as águas profundas, em sua imensidão, significam o inconsciente, mas também a consciência do eu, fruto de um aprofundamento para o mundo e para nós mesmos. É a vivência da intimidade simbolizada pelo mar. É Dona Maria, é Iemanjá. O aprofundamento para o mundo e para nós mesmos também caracteriza a maturidade. Mas o fato de Iemanjá deixar de representar o rio e se metamorfosear no mar parece ter a ver, também, com a substância mãe. Na África, o Rio Ogum já representava a mãe, o sentimento materno com sua proteção inigualável.

Os seios de Iemanjá são famosos, havendo, inclusive, mitos que tratam deles porque são seios fartos, fartos de leite que amamentam os filhos. Os seios de Iemanjá constituem um tabu. Em outras palavras, nenhum homem poderia tocá-los ou tecer qualquer comentário sobre eles. Quando a deusa casou-se com Oquerê, avisou-o disso; fizeram então um acordo, que o esposo logo quebrou. Nesse momento quebrou-se o encanto. Iemanjá, raivosa, fugiu e, com a ajuda de seu filho Xangô, conseguiu alcançar o mar.

Bachelard tem razão: os seios arredondados são seios maternos através dos quais Iemanjá mantém relações de intimidade com seus filhos. Nenhum estrangeiro pode partilhar dessa relação. É por isso que, raivosa, Iemanjá volta para o mar, para as suas origens, para se encontrar junto aos seus. A raiva de Iemanjá fala a linguagem do mar violento que rosna e ruge. Suas águas são cheias de garras prontas para levar aqueles de quem Iemanjá não gosta, aqueles que não sabem agradá-la ou que lhe agradam muito - seja filho, seja amante - para no fundo do mar viverem a grande aventura amorosa existente.

Na realidade, o mito revela uma relação marcante entre a sexualidade e a violência. Assim, no mar violento, suas ondas se movimentam, criando grandes bocas ou vaginas? Iemanjá come seus filhos, Iemanjá come seus amantes? Será Iemanjá a Iyá Mi Oxorongá?

> *"Origem de todos nós, a mãe é inteiramente sacralizada. O seu poder, como sua beleza, reside no âmago do segredo da criação. Ela basta a si própria, fala grosso como homem, olha-nos do alto da árvore Irôco, assumindo, portanto, características bem fálicas; o seu marido desempenha rápido papel fecundante, qual zangão, depois ela o mata." (Augras, 1989)*

Augras complementa suas ideias, citando Carneiro da Cunha:

> *"Ela é o poder em si, tem tudo dentro de seu ser. Ela tem tudo. Ela é um ser autossuficiente, ela não precisa de ninguém, é um ser redondo primordial, esférico, contendo todas as oposições dentro de si. Awon Iyá Wa são andróginas, elas têm em si o Bem e o Mal, dentro delas, elas têm a feitiçaria e a antifeitiçaria; elas têm absolutamente tudo, elas são perfeitas."*

Dessa forma, compreende-se que, além do terror relatado por Edison Carneiro, os negros baianos tinham de Iemanjá a ideia de que com ela vieram também outras deusas. Assim, inicia-se o desvendar dos mistérios impenetráveis de Iemanjá. É Mariano Carneiro da Cunha que continua a responder com objetividade a indagação da existência da relação entre Iemanjá e Iyá Mi Oxorongá. Segundo esse autor, Iyá Mi - minha mãe feiticeira -, na África, é um aspecto arcaico, primeiro de Iemanjá Ogunté. Essa afirmação encontra respaldo à medida que Carneiro, ao narrar o espetáculo protagonizado pela sociedade das Geledés, que celebra as Iyá Mi ancestrais, informa: *"(...) A festa tem a duração de uma semana; os homens são os dançarinos, abdicam de sua condição masculina e dançam de saias para agradar, para mimar as mães ancestrais. Assim, a fecundidade dos campos é assegurada"* (1984). Mas, na narração de Carneiro, o ponto fundamental que parece desvendar Iemanjá como Iyá Mi Oxorongá está no grande presente que, ao final da festa das Geledés, é entregue ao Rio Ogum, local que representa Iemanjá.

Em terras brasileiras, Iemanjá foi ressignificada de rio para mar porque precisou ser mais abrangente, propiciando a comunicação, a união de todos os africanos que viveram a diáspora. Deixou o rio para sua filha e, assim, Oxum pode continuar a representar as águas doces: é, segundo Bachelard, a natureza criadora.

Na cultura africana - origem dessas duas deusas - há uma hierarquia bem definida entre pais e filhos, entre jovens e adultos. No entanto, de um lado, a mãe é protetora, esta sempre por perto; de outro, o rio desemboca no mar. Assim, há uma relação de proximidade entre o mar e o rio; entre mãe e filha. Essa proximidade, às vezes, traduz-se na mais completa intimidade. Esse fato, por si só, faz com que a mãe tenha um amor todo especial para com essa filha, tornando-a, na maioria das vezes, uma criança ou mesmo uma jovem mimada. Foi o que ocorreu com Oxum.

Se o oceano mama no rio é porque o rio representa a mãe, a mãe que alimenta, a mãe que nutre. A mãe de que os africanos mais do que nunca careciam ao viver a diáspora. Essa maturidade materna que o mar representa implica viver a sua própria vida, ter a sua própria identidade e transmiti-la para seus descendentes.

Tudo isso, afinal, é Iemanjá!

Profª. Drª. Teresinha Bernardo
*Livre Docente em Antropologia na
Pontifícia Universidade Católica de São Paulo*

Eu nasci na roça, venho de uma família de 13 irmãos, na qual a gente se alimentava do que a terra dava. Desde pequena, meu pai ensinava que a gente deveria respeitar a terra, porque era dela que vinha nosso alimento.

Lá meu pai fazia as covas pra plantar o feijão; eu e meus irmãos ajudávamos nesse trabalho. Me lembro de enterrar a mandioca no rio, retirar depois de seis dias - que era o tempo dela fermentar... Minha mãe fazia todo o preceito, lavava a mandioca e depois fazia uma panela enorme de mingau para alimentar toda a família...

Sinto o sabor desse mingau até hoje em minha boca.

Cozinha saudável pra mim é isso: quando você volta às suas origens. Lembrar como a sua avó cozinhava... Como a sua mãe cozinhava... A gente sobreviveu sem os industrializados, nunca precisamos deles.

Eu acredito na cozinha de 30, 40 anos atrás. Acredito que é possível a gente voltar com ela no presente. As pessoas estão buscando cada vez mais essa comida, se preocupando com a saúde, e eu me dedico a cumprir esse papel: alimentar as pessoas, o corpo e a alma.

Arroz doce de corte com leite de coco verde e manga grelhada com creme de manga

Arroz Doce

Ingredientes
200g de arroz
300ml de leite de coco verde *(receita no final do livro)*
1 pedaço de casca de laranja seca
1 xícara de leite
2 colheres de sopa de açúcar
Raspa de puxuri
1 pitada de sal

Preparo
Deixar o arroz de molho em água fria por aproximadamente 1 hora, em seguida escorra. Coloque o arroz em uma panela, acrescente o leite, o

leite de coco verde, o açúcar, o sal, a raspa de puxuri, a casca de laranja e leve ao fogo. Espere ferver mexendo de vez em quando para não grudar no fundo, deixe cozinhar em fogo baixo até que o arroz fique quase seco ainda um pouco cremoso. Transfira para uma pequena travessa e deixe esfriar.

Manga grelhada com creme de manga

Ingredientes
2 mangas palmer madura
2 colheres (sopa) de mel de jataí

Preparo
Descasque a manga e corte em cubos pequenos. Leve numa frigideira ao fogo, acrescente o mel e grelhe a manga em cubos. Reserve metade dos cubos grelhado e a outra metade passe em uma peneira com ajuda de uma colher ate obter um creme liso.

Creme de milho branco com peixe de sal empanado na farinha de mandioca

Creme de milho

Ingredientes
300g de milho branco
4 colheres (sopa) de manteiga
Sal a gosto

Preparo
Deixar o milho de molho na água por 4 horas. Após, escorra e cozinhe o milho branco na pressão em fogo baixo por 40 minutos. Bata o milho no liquidificador com o mesmo caldo do cozimento até obter um creme liso e então passe por uma peneira. Leve o creme de milho para uma panela em fogo brando acrescente a manteiga, mexendo até decolar no fundo da panela.

Peixe de Sal

Ingredientes
½ kg de peixe *(pescado, vermelho ou garoupa)* em postas
10g de açúcar mascavo
15g de sal marinho
3g de mix de temperos secos *(erva doce, pimenta do reino preta, cominho)*

Preparo
Misture o sal, o açúcar mascavo, o tempero seco e cubra uniformemente os filés de peixe massageando levemente a carne; deixe curar na geladeira por aproximadamente 4 horas. Lave o peixe em água fria, escorra a água e seque bem. Empane o peixe com a farinha de mandioca fina. Frite com um pouco de óleo vegetal.

Frigideira de mamão verde

Ingredientes
500g de mamão verde cortado em cubos bem pequenos
Camarão seco defumado *(inteiros e em pó)*
Mirepoix *(para saborizar os ingredientes)*
1 cebola média
2 tomates
Pimentão colorido
½ xícara de leite de coco do grosso
1 colher (sobremesa) de óleo de coco de babaçu
5 ovos
1 pitada de tempero baiano

Preparo
Levar o mamão verde com as ervas finas ao fogo com uma xícara de água e deixar ferver até secar. Refogar metade das cebolas cortadas em cubos bem pequenos e os pimentões coloridos; assim que a cebola estiver translúcida acrescente o mamão verde com uma pitada de tempero baiano, sal e refogue por cerca de 2 minutos. Coloque numa travessa ou forma. Bata os ovos e cubra o refogado, enfeite com as rodelas de cebola. Leve ao forno até dourar.

Salada de milho branco e manga

Salada

Ingredientes
300g de milho branco
2 mangas verdes *(começando a amadurecer)* cortadas em cubos pequenos

Preparo
Deixar o milho de molho na água por 4 horas. Escorrer e cozinhar o milho branco na pressão em fogo baixo por 40 minutos. Retirar o milho da pressão e escorrer todo o líquido do cozimento, reservando o milho branco cozido. Descascar a manga verde e cortar em cubos pequenos. Misturar o milho branco com a manga.

Conserva de cebola roxa

Ingredientes
1 cebola roxa média cortada em tiras finas
½ xícara de água
¼ xícara de vinagre de maçã
1 colher (sopa) de açúcar
2 colheres (chá) de sal
2 colheres (sopa) de azeite de oliva
2 grãos de pimenta do reino preta
1g de semente de coentro
1 ramo de alecrim

Preparo
Em uma panela pequena coloque a água, o vinagre de maçã, o açúcar e o sal. Acenda o fogo e mexa até dissolver os ingredientes. Quando começar a ferver acrescente a cebola já cortada em fatias finas e deixe ferver até completar 1 minuto. Desligue o fogo e junte o azeite de oliva, as pimentas do reino preta, as sementes de coentro e o ramo de alecrim. Reserve e espere esfriar a preparação, coloque em um pote de vidro esterilizado e leva a geladeira.

Molho

Ingredientes
3 colheres (sopa) azeite de licuri ou de coco
2 colheres (sopa) de vinagre de maçã
Cheiro verde
2 pimentas de cheiro picada
1 colher (chá) pimenta dedo de moça picada
1 colher (sopa) mel de jataí
1 colher (chá) gengibre ralado fino
Sal a gosto

Preparo
Agregar com o batedor de arame o óleo de licuri, o vinagre, o mel e o sal, acrescentar as pimentas, o gengibre e o cheiro verde picado.

Sopa de coco com camarão e lula

Ingredientes
300g de camarão limpo
200g de lula limpa e cortada em anéis
1 cebola média ralada fino
Suco de 1 limão
2 colheres (sopa) de azeite de oliva
½ pimenta dedo de moca picada sem semente
2 pimentas de cheiro picadas
½ litro do caldo de camarão *(receita no final do livro)*
1 xícara de leite de coco verde *(receita no final do livro)*
300 ml creme de leite de arroz *(receita no final do livro)*
Cheiro verde a gosto

Preparo
Tempere em tigelas separadas o camarão e a lula com sal, pimenta do reino preta e azeite de oliva, deixe marinando por 10 minutos. Em uma frigideira seca, grelhe os camarões por 2 minutos de cada lado e, logo após, reserve os camarões. Repita o mesmo processo para grelhar a lula. Na mesma frigideira refogue a cebola ralada e as pimentas por 3 minutos

e reserve junto com os camarões e os anéis de lula. Leve o caldo de camarão para panela e acrescente o leite de coco verde, deixando ferver por 5 minutos em fogo baixo. Acrescente o creme de leite de arroz, os camarões e as lulas reservados e deixe ferver por mais 3 minutos. Sirva em uma tigela e finalize com cheiro verde.

Dica da Chef

Ao invés de utilizar ingredientes industrializados, você pode dar um toque ainda mais pessoal às suas receitas preparando os seus próprios caldos, leites e cremes.

No final do livro você encontra algumas das receitas que eu utilizo na Casa de Ieda, como o leite de coco verde, o creme de leite de arroz e os caldos de pato, galinha, camarão e peixe!

Arroz frito no dendê com camarão seco defumado

Ingredientes
1 xícara (chá) de arroz agulhinha
1 cebola média
20g de alho picado *(4 a 5 dentes)*
¼ de xícara (50 ml) de óleo
¼ de xícara (50 ml) de azeite de dendê
80g de camarão seco defumado
Sal à gosto

Preparo
Refogue o alho até dourar. Acrescente o arroz, o sal e frite bem. Coloque água fervente até que cubra o arroz, baixe o fogo e deixe cozinhar. A dica é checar se o arroz ficou cozido, se precisar adicione um pouco de água. Desligue o fogo, solte o arroz com um garfo e reserve. Processe a cebola com 30 gramas de camarão seco defumado. Aqueça o azeite de dendê na panela, acrescente a cebola batida com o restante do camarão e deixe refogar. Em seguida, acrescente o arroz reservado e misture bem.

Peito de pato curado com quirera

Quirera

Ingredientes
200g de quirera de milho
100g de queijo meia cura
100g de carne de fumeiro em cubos pequenos
1,2 L de caldo de pato fervendo
2 colheres (sopa) de óleo
1 colher (chá) de tempero seco *(cominho, pimenta-do-reino, coentro seco)*
2 cebolas pequenas cortada em cubos pequenos
2 dentes de alho picados

Preparo
Lave a quirera e deixe de molho por pelo menos 2 horas. Em uma panela refogue no óleo a carne de fumeiro em cubos, acrescente a cebola e refogue, junte o alho e continue o refogado até ficar dourado. Depois de escorrer a quirera, junte ao refogado e acrescente os temperos seco. Continue o refogado por mais 3 minutos e acrescente o caldo de pato. Cozinhe até a quirera ficar macia. Finalize com o queijo e o cheiro verde.

Peito de pato curado

Ingredientes
400g de carne de peito de pato
25g de sal
10g de açúcar mascavo
5g de mix de tempero moído *(semente de coentro, embiriba, pimenta do reino preta, tomilho seco, cominho em grão)*
1 folha de louro

Preparo
Misture o sal, o açúcar mascavo, o mix temperos e a folha de loro, passe esta mistura no peito de pato massageando, coloque em um saquinho tipo "*ziplock*" retire do ar e deixe marinando na geladeira por 24h, quando completar 12 hora vire do outro lado. Passado esse tempo , retire o peito de pato do saco. Leve para uma frigideira ainda fria, com a pele para baixo. Acenda o fogo médio e deixe o peito de pato até ficar com a pele bem crocante e morena. Vire de lado e deixe por 3 minutos e retire do fogo.

Almôndega de peixe com molho de manga

Almôndega de peixe

Ingredientes
½ kg de peixe branco sem a pele
2 colheres (sopa) de farinha de mandioca fina
1 cebola em cubos grandes
1 colher (chá) sal
Raspas de 1 limão
Pimenta do reino preta a gosto
1 pitada de endro em pó
Hortelã picada a gosto
½ colher (chá) de cominho
2 ramos de coentro
Cheiro verde

Preparo
Bata 200 gramas do peixe no processador, com leve pulsadas, para que fique em pedaços pequenos e reserve. Leve 300 gramas do peixe e a

cebola para o processador e bata, junte a farinha de mandioca, o sal, pimenta do reino preta, o endro, o cominho, a hortelã e o coentro e bata novamente até obter uma massa bem lisa. Numa tigela incorpore o peixe em pequenos pedaços com a massa lisa até estar bem homogêneo. Com as mãos untadas faça pequenos bolinhos, transfira as bolinhas para uma assadeira untada com óleo e regue com um fio de azeite de oliva. Leve a assadeira para o forno pré-aquecido a 200ºC e asse por 10 minutos; quando completar 5 minutos lembre de virar os bolinhos, aguarde completar o tempo até que fiquem dourados. Finalize com o cheiro verde na hora de servir.

Molho de manga

Ingredientes
2 mangas palmer cortadas em pequenos pedaços
2 cebolas picadas em cubos pequenos
200ml de vinagre de maçã
1 pimenta dedo-de-moça sem sementes picada
2 pimentas de cheiro picadas
150g de açúcar cristal
1 colher (sopa) de gengibre ralado
½ colher (chá) de embiriba ralada
1 limão *(raspas e suco)*

Preparo

Junte a cebola, o vinagre de maçã e as pimentas em uma panela e cozinhe por aproximadamente 10 minutos, acrescente a manga e cozinhe por mais 15 minutos mexendo de vez em quando. Acrescente o gengibre, a raspa de embiriba e do limão, cozinhe até atingir o ponto de geléia, junte o suco de limão, mexa e tire do fogo.

Mexido de arroz com feijão fradinho, siri catado e carne de fumeiro

Ingredientes
100g de arroz branco cozido
80g de carne de fumeiro
30g cebola branca processada
50g de feijão fradinho cozido
60g de siri catado
2 dentes de alho processados
Sal a gosto
Pimenta do reino a gosto
Pimenta dedo de moça picada
Açafrão picado a gosto
Pimenta de cheiro picada

Preparo

Leve uma panela ao fogo e acrescente a colher de óleo e o fumeiro. Frite por 3 minutos, junte o açafrão, a cebola, o alho e deixe dourar. Acrescente o siri catado e refogue por alguns minutos. Acrescente o arroz e o feijão, agregando com cuidado ainda com a panela em fogo baixo. Antes de desligar o fogo, acerte o sal. Finalize com cheiro verde.

Caruru de folhas e peixe grelhado na manteiga de pimenta de cheiro

Caruru de folhas

Ingredientes
2 maços de taioba
1 maço de língua de vaca
1 maço de ora-pro-nobis
2 cebolas
150g de castanha de caju
100g de amendoim
200g de camarão seco defumado
1 colher (sopa) de gengibre ralado
½ xícara de azeite de dendê
2 e ½ xícaras de água
1 xícara de leite de coco verde *(receita no final do livro)*
2 colheres de sopa de farinha de mandioca fina

Preparo

Higienize as folhas, leve uma panela ao fogo médio com um pouco de água, acrescente as folhas e deixe refogarem por 2 minutos. Retire do fogo, escorra a água e reserve. Em uma tábua pique as folhas com uma faca. Bata no liquidificador as cebolas e 100g do camarão. Junte a cebola batida com camarão em uma panela e refogue por 5 minutos. Enquanto refoga, bata no liquidificador as castanhas e os amendoins com ½ xícara d'água e acrescente ao refogado. Em seguida, coloque as folhas na panela e continue refogando. Bata no liquidificador a água do cozimento das folhas com a farinha de mandioca e junte ao refogado. Quando chegar a fervura acrescente o leite de coco verde e cozinhe por aproximadamente 2 minutos.

PEIXE GRELHADO

Ingredientes
350g de filé de peixe branco limpo
100g de manteiga
1 dente de alho
Suco de 1 limão
2 pimentas de cheiro picadas
Sal a gosto
Cheiro verde a gosto

Preparo

Tempere o peixe com sal, alho e limão e deixe marinando por 30 minutos. Em uma frigideira seca, grelhe o peixe até ficar com a cor dourada e no ponto, reserve. Em uma frigideira limpa leve a manteiga ao fogo médio, acrescente a pimenta de cheiro e o resíduo do tempero do peixe e refogue por alguns minutos. Volte o peixe para o refogado, regando por 1 minuto.

Bolinho de inhame recheado com pato assado

Pato assado

Ingredientes
1 pato inteiro (2kg)
4 dentes de alho amassados no pilão
2 colheres (sopa) mel
40g de açúcar mascavo
Pimenta do reino moída na hora
Raspa de puxuri
1 folha de louro
60g sal

Preparo
Misture todos os temperos. Esfregue o tempero em todo o pato, já limpo e seco. Deixe marinar em uma travessa dentro da geladeira durante uma noite. No outro dia, coloque o pato em uma grelha com assadeira em bai-

xo, assando no forno à 180° por aproximadamente 1 hora e meia. Durante este período é importante virar o pato e regar com o suco do cozimento.

Bolinho de inhame

Ingredientes
500g de inhame cozido e espremido
1 ovo
3 colheres (sopa) manteiga sem sal
2 e ½ colheres (sopa) de queijo parmesão ralado
1 xícara de farinha de mandioca fina
300g de carne de pato desfiada
½ maço de cheiro verde
4 colheres (sopa) manteiga sem sal
Farinha de mandioca para empanar

Preparo
Em uma tigela grande coloque o inhame já cozido e espremido, o ovo, 2 colheres (sopa) de manteiga e misture bem até obter uma massa homogênea, reserve. Leve uma frigideira ao fogo, coloque 2 colheres (sopa) de manteiga e em seguida a carne de pato desfiada, deixe por 3 minutos e acrescente o cheiro verde, deixe esfriar. Molde os bolinhos com a massa de inhame, recheie com o pato e passe na farinha de mandioca. Frite por imersão em óleo quente 180° até ficar levemente dourado

Sardinha na pressão

Ingredientes
1kg de sardinha fresca evisceradas sem cabeça
3 dentes de alho
4 tomates maduros sem pele e sem semente, picados
2 cebolas grandes picadas
1 pimentão de cada cor *(verde, amarelo e vermelho)* cortado em tiras
3 folhas de louro
1 xícara de água
½ xícara de azeite
½ xícara de vinagre de vinho branco
½ colher (chá) de cominho
Suco de 2 limão
Cheiro verde e sal a gosto

Preparo
Tempere as sardinhas com o suco dos limões, alho, cominho e deixe marinando. Misture numa tigela o tomate, as cebolas, os pimentões, o louro e o cheiro verde. Em uma panela de pressão comece colocando o tempero no fundo, faça camadas alternadas de sardinhas e temperos e despeje o azeite, o vinho e a água. Leve ao fogo médio e quando pegar pressão baixe o fogo, cozinhe por 15 minutos e desligue.

Milho branco, dendê e camarão seco defumado

Ingredientes
300g de milho branco
2 cebolas
200g camarão seco defumado
½ xícara de azeite de dendê

Preparo
Deixar o milho de molho na água por 4 horas. Escorrer e cozinhar o milho branco na pressão em fogo baixo por 40 minutos. Retirar o milho da pressão e escorrer todo o líquido do cozimento, reservando o milho branco cozido. Bata no liquidificador as cebolas e 100g do camarão. Junte a cebola batida com camarão em uma panela e refogue por 5 minutos. Em seguida, coloque o milho cozido e continue refogando por 2 minutos.

Manjar branco e compota de caju com calda

Manjar branco

Ingredientes
400ml de leite de coco verde *(receita no final do livro)*
4 xícaras de leite
1 xícara (chá) de amido de milho
½ xícara (chá) de açúcar

Preparo
Em uma panela junte o leite de coco verde, 3 xícaras (chá) do leite, o açúcar e misture bem. Dissolva o amido em uma xícara (chá) de leite e reserve. Coloque a mistura do leite coco numa panela e leve ao fogo médio. Quando ferver, junte o leite com amido dissolvido, mexendo bem até formar um creme grosso tomando cuidado para não ficar com grumos. Desligue o fogo, acrescente ½ colher de sopa de manteiga sem sal e mexa (essa técnica faz com que não crie película no manjar quando esfriar).

Antes de esfriar transfira o creme de coco para a forma. Assim que a preparação estiver morna, leve à geladeira.

COMPOTA DE CAJU COM CALDA

Ingredientes
12 cajus
3 xícaras (chá) de açúcar
1 xícara (chá) água

Preparo
Lave os cajus, retire as castanhas, faça furos no caju com uma faca ou garfo e esprema os cajus para retirar o suco. Coloque os cajus, o suco, o açúcar e a água numa panela de pressão e ao fogo baixo por 50 minutos. Retirar a pressão da panela, abrir e retornar ao fogo baixo até que a calda fique mais encorpada, com a cor caramelada.

Doce de coco verde com perfume de aridan

Ingredientes
400g de coco verde
½ kg de açúcar cristal
Suco de ½ limão
1 e ½ xícara de água de coco
1 pedaço de aridan

Preparo
Corte em tiras a metade do coco verde, a outra metade bata no liquidificador com ½ xícara de água de coco e reserve. Em uma panela coloque o açúcar, 1 xícara de água de coco, a aridan e leve ao fogo médio até formar uma calda rala. Quando começar a ferver acrescente o coco em tiras e o batido, deixe ferver até a calda engrossar e retire a aridan.

Bolinho de arroz com galinha d'Angola

Galinha d'Angola desfiada

Ingredientes
1 galinha d'angola
Suco de 1 limão
Sal a gosto
Pimenta do reino moída na hora
1 cebola picada
3 colheres (sopa) de pimentões coloridos picados em cubos pequenos
3 colheres (sopa) de tomate picado
2 xícara de óleo
1 dente de alho picado na hora
2 xícaras de água
1 folha de louro
Coentro, cebolinha e salsinha picado a gosto

Preparo
Corte a galinha em pedaços pequenos, tempere com o suco de limão, o alho e pimenta do reino a gosto, deixe marinando por 1 hora. Leve uma

panela pressão ao fogo com ½ xícara de óleo, doure os pedaços da carne aos poucos e reserve. Leve a mesma panela de pressão ao fogo com o restante do óleo, refogue a cebola e acrescente o alho até dourar. Junte os pimentões e o tomate e refogue. Acrescente a galinha, o louro e a água. Cozinhe por cerca de 15 minutos em fogo baixo, após iniciar a pressão. Retire a pressão, e deixe cozinhar com a panela destampada por mais 5 minutos. Transfira a carne para uma refratária e reserve o molho. Desfie a carne com cuidado para não deixar nenhum pedaço de osso. Agregue a galinha desfiada ao molho reservado e finalize com o mix de ervas.

Bolinho

Ingredientes
2 xícaras de arroz branco
3 xícaras de leite
1 xícara de caldo de galinha *(receita no final do livro)*
120g de queijo coalho ralado fino
250g de galinha d'angola desfiada
½ cebola picada
1 xícara de farinha de mandioca fina
3 dentes de alho picados
½ xícara de cheiro verde picado
Noz-moscada
Sal e pimenta do reino a gosto

Preparo

Em uma panela refogue a cebola até ficar translúcida, adicione o alho e refogue até ficar dourado, acrescente o arroz e misture com o refogado. Adicione água e o leite e deixe ferver. Tampe a panela e reduza o fogo. Cozinhe mexendo de vez em quando, quando levantar fervura tampe a panela parcialmente e baixe o fogo. É importante mexer o arroz para soltar o amido e cozinhar por aproximadamente 20 minutos ou até ficar cremoso. Com a panela em fogo baixo, acrescente o queijo de coalho, uma pitada de noz-moscada e pimenta do reino moída na hora, mexendo para agregar. Junte a galinha d'angola desfiada e agregue a massa; aos poucos dê o ponto na massa com a farinha de mandioca. Molde a mistura de arroz com duas colheres ou com a mão formando bolinhos alongados. Aqueça o óleo numa frigideira em fogo médio, coloque os bolinhos e frite até ficar dourado. Com uma escumadeira, retire os bolinhos da frigideira e coloque sobre uma assadeira forrada com papel-toalha. Sirva ainda quente.

Sardinha assada com pirão de leite e vinagrete de manga

SARDINHA ASSADA

Ingredientes
4 sardinhas médias limpas com cabeça
Sal a gosto
Pimenta do reino moída na hora
Suco de 1 limão tahiti
2 colheres de sopa de óleo

Preparo
Temperar as sardinhas com sal a gosto, pimento do reino, suco de limão e duas colheres de óleo, deixando marinar por 30 minutos na geladeira. Depois desse tempo, coloque as sardinhas numa assadeira e leve ao forno a fogo médio.

Pirão de Leite

Ingredientes
1 e ½ xícara de leite
100g de farinha de mandioca fina
3 colheres (sopa) de manteiga
Sal a gosto

Preparo
Numa panela coloque o leite, a manteiga e o sal e leve ao fogo baixo. Um pouco antes de começar a ferver, acrescente aos poucos a farinha, mexendo sempre para não embolar. Assim que estiver escaldado o pirão está pronto.

Vinagrete de Manga

Ingredientes
1 manga verde *(começando a amadurecer)* cortadas em cubos pequenos
2 colheres (sopa) de azeite de oliva
1 colher (sopa) de vinagre de maçã
Suco de ½ limão
1 colher (chá) de gengibre ralado fino
1 colher (sopa) de pimentões coloridos cortados em cubos pequenos
1 pimenta de cheiro picada
Sal a gosto
Pimenta do reino moída na hora
3 folhas de hortelã picada
Cheiro verde picado a gosto

Preparo
Descascar a manga verde e cortar cm cubos pequenos. Em uma tigela coloque a manga, acrescente os ingredientes líquidos, depois os ingredientes secos, deixando para o final o sal e o cheiro verde, sempre agregando bem todos os ingredientes.

Arroz de pato com camarão seco defumado e farofa de beiju com dendê

Arroz de pato

Ingredientes
1 xícara de arroz
2 xícaras de caldo de galinha *(receita no final do livro)*
1 xícara de pato
1 colher (sopa) de óleo
½ xícara de cebola picada
1 colher (chá) de sal
¼ de xícara (50 ml) de azeite de dendê
80 gramas de camarão seco defumado

Preparo
Em uma panela média refogue a cebola picada em fogo baixo. Tempere com sal, acrescente o arroz e mexa bem. Junte duas xícaras de caldo de galinha e deixe em fogo médio até que comece a secar e atinja o nível do arroz. Tampe parcialmente a panela em fogo baixo. Deixe que o arroz cozinhe até secar a água, tomando cuidado para não queimar no fundo. Em uma panela media acrescente o dendê e aqueça em fogo baixo. Junte o camarão seco defumado, o arroz, o pato e agregue com cuidado.

FAROFA DE BEIJU

Ingredientes
1 xícara de beiju quebrado
2 colheres (sopa) de dendê
Sal a gosto

Preparo
Em uma panela pequena aqueça o dendê em fogo baixo, acrescente a farinha de beiju e misture bem.

Arroz de miúdos de galinha com açafrão da terra

Ingredientes
400 g de miúdos de galinha *(fígado, moelas e corações)*
Sal a gosto
1 colher (chá) de tempero seco *(cominho, pimenta-do-reino, coentro seco)*
2 colheres (sopa) de óleo vegetal
1 cebola grande picada
5 dentes de alho picados
1 folha de louro
400g de arroz branco
800ml de caldo de galinha *(receita no final do livro)*
Salsa e coentro a gosto

Preparo
Limpe as moelas e os corações da galinha e pique-os em pedaços pequenos. Reserve os fígados inteiros. Tempere os miúdos com o tempero baiano e sal. Adicione uma colher de óleo em uma panela e leve ao

fogo, junte os fígados e salteie-os em fogo médio. Assim que estiverem cozidos, pique-os em pedaços pequenos e reserve. Refogue a cebola picada até ficar translúcida, acrescente o alho e a folha de louro e continue o refogado até que o alho fique dourado. Junte os miúdos e refogue por 5 minutos em fogo. Junte o arroz e frite-o por alguns minutos. Adicione o caldo de galinha quente. Deixe cozinhar por aproximadamente 6 minutos em fogo médio, depois baixe o fogo e tampe a panela para que cozinhe o arroz por mais 10 minutos aproximadamente. Assim que o arroz estiver cozido, solte com cuidado usando um garfo e misture o fígado no arroz. Finalize com salsinha e coentro.

Doce de mamão verde (furrundu)

Ingredientes
1kg de mamões formosa verde
½ kg rapadura morena
2 xícaras (chá) água
3 cravos-da-Índia
1 pedaço de pau de canela

Preparo
Corte as extremidades do mamão para que percam o leite. Passado aproximadamente 1 hora, lave o mamão, descasque, corte em pedaços grandes e retire as sementes. Rale no ralador grosso. Junte todos os ingredientes em uma panela e deixe cozinhar em fogo baixo, mexendo de vez em quando. Quando começar a secar, continue mexendo até a calda encorpar e desligue. Retire a canela e os cravos.

Caldo de peixe

Ingredientes
Cabeça e carcaça de peixe
1 cenoura em rodelas
1 talo de salsão
3 dentes de alho picado
1 cebola média picada

Preparo
Refogue a cebola, o alho e a cenoura. Acrescente a cabeça e a carcaça do peixe e deixe por aproximadamente 3 minutos em fogo alto. Adicione ½ litro de água e ferva por 6 minutos. Coe e reserve o caldo.

Caldo de camarão

Ingredientes
800ml de água
Cabeça e casca dos camarões usados na receita
Duas cenouras cortadas em rodelas
Casca de duas cebolas
1 ramo de salsão e tomilho-limão
Alho poró

Preparo
Coloque a colher de óleo numa panela e junte as cascas de cebola, o alho poró, o salsão e refogue. Acrescente a cenoura e as cascas e cabeças dos camarões e refogue por mais 4 minutos. Acrescente a água e cozinhe na panela com tampa aberta e em fogo baixo por aproximadamente 30 minutos. Após esse tempo, coe os sólidos e reserve o caldo de camarão.

Caldo claro (pato ou galinha)

Ingredientes
500g de carcaça de pato ou galinha *(com os ossos)*
1 cebola media picada
1 cenoura descascada e cortada em rodelas
1 folha de louro pequena
1 salsinha, cebolinha e coentro a gosto
1 ramo de tomilho-limão
2 pimentas pretas
1 fava de embiriba
1 L de água ou o suficiente para cobrir

Preparo
Leve a panela ao fogo com um fio de azeite de oliva e coloque a cebola para refogar; acrescente a cenoura e os ossos e deixe refogar. Adicione a água até cobrir os ossos e junte o restante dos ingredientes. Deixe ferver, colocando em fogo baixo. Sempre que necessário, retire a gordura e as impurezas que se formam na superfície usando uma escumadeira, deixando cozinhar em fogo baixo por 30 minutos. Coe e resfrie o caldo; quando estiver frio, retire o excesso de gordura que formar na superfície.

Leite de coco verde

Ingredientes
1 xícara de água de coco
150g de massa de coco verde

Preparo
No liquidificador, junte a água de coco e o coco e bata até ficar cremoso.

Dica da Chef
Além de serem deliciosos, os leites vegetais também são extremamente saudáveis e podem ser usados nas suas receitas, em drinks e coquetéis, ou ainda em substituição ao leite animal.

Para experimentá-los, basta seguir a mesma receita acima, trocando o coco verde pela fruta ou semente da sua preferência.

Uma sugestão é o leite de amêndoas ou de castanhas, que fica uma delícia servido gelado! Nesses casos, após bater no liquidificador, passe a mistura num coador.

Creme de leite de arroz

Ingredientes
1 xícara de arroz
3 xícaras d'água
2 xícaras de leite

Preparo
Ferva 3 xícaras de água, adicione o arroz e cozinhe até ficar bem macio. No liquidificador, bata o arroz cozido e o leite, até ficar cremoso.

Dica da Chef
Além de utilizar o creme de leite de arroz nas suas receitas, você também pode transformá-lo numa deliciosa sobremesa de verão.

Para isso, após bater no liquidificador, adicione mel de engenho (fácil de ser encontrado em "casas do norte"), raspa de gengibre e zest de limão.

Você também pode saborizá-lo com frutas, como: umbú, cajá, seriguela, mangaba, cupuaçu, cagaita, buriti e bacuri. Para dar textura, use nibs de cacau, xerém de castanhas ou amendoim. Leve à geladeira por 8h e. após, sirva em pequenas porções.

Tabela universal de medidas gastronômicas

Em alguns países, especialmente os europeus, as medidas utilizadas na gastronomia são diferentes das que usamos no Brasil. Por isso, preparamos essa tabela de conversão das principais medidas apresentadas no livro pára que você possa usufruir dos sabores e saberes dos Orixás em qualquer lugar do mundo! Aproveite!

Líquidos

1 lata	395 ml	13.5 fl oz
1 copo	250 ml	8.5 fl oz
1 xícara	240 ml	8 fl oz
¾ xícara	180 ml	6 fl oz
½ xícara	120 ml	4 fl oz
¼ xícara	60 ml	2 fl oz
1 colher de sopa	15 ml	0.55 fl oz
1 colher de sobremesa	10 ml	0.35 fl oz
1 colher de chá	5 ml	0.20 fl oz
1 colher de café	2,5 ml	0.10 fl oz

Açúcares e Granulados

1 xícara	180 gramas	6 oz
1 colher de sopa	15 gramas	0.45 oz
1 colher de chá	5 gramas	0.15 oz

Farinhas

1 xícara	120 gramas	4.25 oz
1 colher de sopa	7,5 gramas	0.25 oz
1 colher de chá	2,5 gramas	0.09 oz

Manteigas e Margarinas

1 xícara	200 gramas	7 oz
1 colher de sopa	15 gramas	0.5 oz
1 colher de chá	5 gramas	0.2 oz

Forno e Fogão

Forno brando	140º a 150º C	270º a 300º F
Forno médio	175º a 190º C	320º a 350º F
Forno quente	200 a 230ºC	400º a 450º F
Forno muito quente	240º a 260ºC	460º F

Chef Ieda de Matos

Baiana nascida na Chapada Diamantina, Ieda de Matos reflete as influências de sua terra natal nas receitas que cria para o Restaurante Casa de Ieda, no coração do bairro de Pinheiros, em São Paulo.

Nasci na roça onde meus pais eram lavradores e criaram 13 filhos, vivendo da agricultura familiar. Ainda muito pequena aprendi com meu pai a importância da terra, que todo alimento deve ser respeitado.

Aos 12 anos passei a ter mais interesse pela cozinha com seu fogão a lenha e panelas areadas feito espelho, e colada na saia de minha avó Tereza comecei a aprender os segredos daquela cozinha de poucos ingredientes e muita escassez.

Minhas tias trabalhavam informalmente vendendo quitutes nas ruas. Elas sempre foram minhas grandes referencias, minha paixão pelas panelas começou nessa época, quando já recolhia receitas e modos de preparo que um dia no futuro seriam importantes para realizar o grande sonho de ser cozinheira.

Foi ainda adolescente que passei a viver São Paulo com uma delas, em busca de novos horizontes. Depois de alguns anos, voltei para Bahia e vivi um tempo em Salvador. Aos 35 anos cheguei em São Paulo novamente e depois de quase cinco anos consegui uma bolsa de estudos e ingressei no curso de técnico em cozinha, onde pude aprimorar meus conhecimentos. Assim que terminei esse curso, segui para o superior, sempre incentivada pelas pessoas ao meu redor.

No ultimo semestre tranquei o curso para viver uma experiência na Bélgica com meu esposo, que fora cursar o mestrado. Retornando ao Brasil, retomei o curso superior de Gastronomia e em 2014 finalmente coloquei a mão no primeiro diploma superior não só meu, mas principalmente de toda minha família.

Na capital paulista, comprei uma Kombi e adaptei uma cozinha para que fosse um verdadeiro laboratório pratico focada na gastronomia dos estados nordestinos. Foram exatamente 3 anos percorrendo as ruas de São Paulo.

Após esse tempo, decidimos ocupar um espaço pequeno em Pinheiros - São Paulo , com cozinha aberta de modo que fosse acolhedor e representasse uma atmosfera de casa com decoração intimista.

Hoje posso dizer que meu maior sonho foi realizado: me tornei uma cozinheira e empreendedora, divulgando a minha terra com pratos que contam histórias e ingredientes que conectam pessoas.

Sumário

Arroz doce de corte com leite de coco verde, manga grelhada com creme de manga 29
Creme de milho branco com peixe de sal empanado na farinha de mandioca 33
Frigideira de mamão verde 37
Salada de milho branco e manga 39
Sopa de coco com camarão e lula 43
Arroz frito no dendê com camarão seco defumado 47
Peito de pato curado com quirera 49
Almôndega de peixe com molho de manga 53
Mexido de arroz com feijão fradinho, siri catado e carne de fumeiro 57
Caruru de folhas e peixe grelhado na manteiga de pimenta de cheiro 61
Bolinho de inhame recheado com pato assado 65
Sardinha na pressão 69
Milho branco, dendê e camarão seco defumado 71
Manjar branco e compota de caju com calda 73
Doce de coco verde com perfume de aridan 77
Bolinho de arroz com galinha d'Angola 79
Sardinha assada com pirão de leite e vinagrete de manga 83
Arroz de pato com camarão seco defumado e farofa de beiju com dendê 87
Arroz de miúdos de galinha com açafrão da terra 91
Doce de mamão verde (furrundu) 95
Caldo de peixe 97
Caldo de camarão 99
Caldo claro (pato ou galinha) 101
Leite de coco verde 103
Creme de leite de arroz 105
Tabela universal de medidas gastronômicas 106

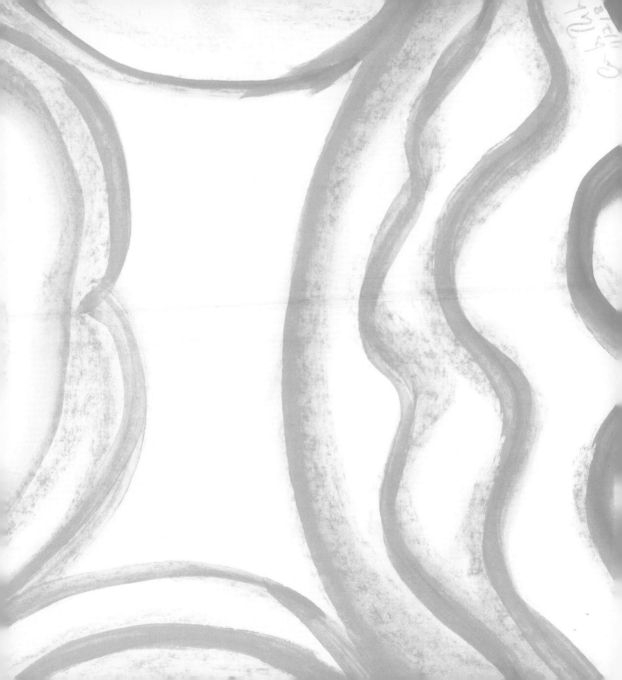